Ganz schön Ringelnatz!

WEISHEITEN FÜR LEBENSLUSTIGE

arsEdition

»Verlasst den schwankenden Boden der Nüchternen
und kommt in das schwankende Boot meiner Dichtung!«

HANS BÖTTICHER, geboren 1883, ist als Junge immer zu Streichen aufgelegt, in der Schule aufmüpfig und wird vom Gymnasium strafversetzt auf eine militärische Erziehungsanstalt. Sein Traum von der Seefahrt geht 1901 in Erfüllung, als er seine Lehrstelle auf dem Schiff »Elli« antritt. Er kommt in der Welt herum und seine Erlebnisse auf See prägen ihn. Jahre später beginnt in München seine Karriere als Dichter, wo er sich im Künstlerlokal »Simplicissimus« zum Hausdichter hocharbeitet. Oft verkannt als komischer Kauz und skurriler Verseschmied, ist er ein Künstler mit Doppelbegabung als Poet und Kabarettist. Erst von 1919 an veröffentlicht er seine Werke unter dem Pseudonym JOACHIM RINGELNATZ. Ob der Nachname an das Seepferdchen – in der Seemannssprache »Ringelnass« – erinnern soll, lässt der Dichter im Unklaren: Er sei ihm einfach »so eingefallen«.

Nach eines *Jahrmarkts* letzter Nacht
ist in wenigen Stunden
eine ganze Stadt voll blendender Zauberpracht
kläglich verschwunden.

ALLERDINGS, EINEM KLEINGIFTIGEN

ICH HABE GEBANGT UM DICH

Ich habe gebangt um dich.
Ich wäre so gern für dich gegangen. –
Du hättest im gleichen Bangen
dann gewartet auf mich.

Ich hörte nicht mehr
und ich sah auch nicht.
Ein Garnichts floh vor mir her,
gefrorenes Licht.

Nun atmet mein Dank so tief,
und die Welt blüht im Zimmer. –
Dass alles so gnädig verlief,
vergessen wir's nimmer!

GEDICHTE DREIER JAHRE

EIN PFLASTERSTEIN, DER WAR EINMAL

Ein Pflasterstein, der war einmal
und wurde viel beschritten.
Er schrie: »Ich bin ein Mineral
und muss mir ein für alle Mal
dergleichen streng verbitten!«

Jedoch den Menschen fiel's nicht ein,
mit ihm sich zu befassen,
denn Pflasterstein bleibt Pflasterstein
und muss sich treten lassen.

DIE SCHNUPFTABAKSDOSE

Dummer Mensch spricht oft vom dummen Vieh,
doch zum Glück versteht das Vieh ihn nie.

ALLERDINGS, MENSCH UND TIER

DIE AMEISEN

In Hamburg lebten zwei Ameisen,
die wollten nach Australien reisen.
Bei Altona auf der Chaussee
da taten ihnen die Beine weh,
und da verzichteten sie weise
denn auf den letzten Teil der Reise.

So will man oft und kann doch nicht
und leistet dann recht gern Verzicht.

DIE SCHNUPFTABAKSDOSE

IM DUNKLEN ERDTEIL AFRIKA

Im dunklen Erdteil Afrika
starb eine Ziehharmonika.
Sie wurde mit Musik begraben.
Am Grabe saßen zwanzig Raben.
Der Rabe Num'ro einundzwanzig
fuhr mit dem Segelschiff nach Danzig
und gründete dort etwas später
ein Heim für kinderlose Väter.
Und die Moral von der Geschicht? –
Die weiß ich leider selber nicht.

DIE SCHNUPFTABAKSDOSE

In das dunkle Umunsschweigen
senden zwei entfernte Geigen
schwesterliche Melodie.

FLUGZEUGGEDANKEN, DEUTSCHE SOMMERNACHT

Niemals wieder werde ich bei einem Rennen wetten, ohne Pferde vorher ganz genau zu kennen.

ALLERDINGS, ZEHN MARK, MY DEAR

Der Mensch verkaufte *Instinkt* und Scheu.
Das Tier ist ehrlich und deshalb gut.

FLUGZEUGGEDANKEN, SEEHUND ZUM ROBBENJÄGER

Ich wollte, ich wäre ein *Malzbonbon*
und du,
du würdest mich lutschen.

FLUGZEUGGEDANKEN,
OFFENER ANTRAG AUF DER STRASSE

ABEND AM STRAND

Abendglühgold zittert auf träumender See.
Eine Möwe zieht ihre einsamen Kreise.
Auf dem Wasser treibend, ein Boot. Und leise, leise
bringt mir der Wind eine müde Weise. – –

Närrisches Herz, was stimmt dich so weh?

LIEBESGEDICHTE

Es gibt freiwilliges *Allein*,
das doch ein wenig
innen blutet.

SEHNSUCHT NACH ZUFALL

Die *Menschen*, die ich getroffen,
standen meist so zu den Sternen,
dass man, um sie kennenzulernen,
nicht erst zu verreisen braucht.

FLUGZEUGGEDANKEN, DREI TAGE TIROL

Höflichkeit und *Liebenswürdigkeit* sind noch längst keine Güte.

FLUGZEUGGEDANKEN, STAMMTISCH INDIVIDUELLER

Ob auch mir *jemals* jemand begegnete,
der mich dumm fand und doch segnete?

FLUGZEUGGEDANKEN, KLEIN-DUMMDEIFI

DER FUNKE

Es war einmal ein kleiner Funke.
Das war ein großer Erzhalunke.
Er sprang vom Herd und wie zum Spaß
gerade in ein Pulverfass.
Das Pulverfass, das knallte sehr;
da kam sofort die Feuerwehr
und spritzte dann mit Müh und Not
das Feuer und das Fünkchen tot.

KINDERGEDICHTE

EIN MÄNNLICHER BRIEFMARK ERLEBTE

Ein männlicher Briefmark erlebte
was Schönes, bevor er klebte.
Er war von einer Prinzessin beleckt.
Da war die Liebe in ihm erweckt.

Er wollte sie wiederküssen,
da hat er verreisen müssen.
So liebte er sie vergebens.
Das ist die Tragik des Lebens!

DIE SCHNUPFTABAKSDOSE

SPIELEN KINDER DOCH …

Sahst du in der Bahn auf Reisen:
Fährt dein Spiegelbild daneben
draußen heil durch Fels und Eisen?
Was ist Schein und was ist Leben?

Wirrgespräch von Schizophrenen –?
Und der Wirrsinn deiner Träume –?
Warum suchen wir, ersehnen
Unterschiede, Zwischenräume?

Nach dem Nichts, dem Garnichts schielen
alle, Freude, Gleichmut, Trauer.
Aus dem Garnichts lockt ein Schauer
so und so mit fremden Spielen.

Manchmal, zwischen trocknen Zeilen:
Barmt es, winkt es oder lacht es. –
Spielen Kinder doch zuweilen
wundersames Selbsterdachtes.

FLUGZEUGGEDANKEN

Sonntagskinder sind himmelblau.

FLUGZEUGGEDANKEN,
SONNTAGSPUBLIKUM VOR BÜHNEN

Wir standen in dem Ringelreihn
eigentlich ganz allein,
ein Mensch aus zwein.

ALLERDINGS, ICH TANZTE MIT IHR

Fell wie Samt und Haar wie Seide.
Allverwöhnt. – Man meint, dass beide
sich nach nichts, als danach sehnen,
sich auf Sofas schön zu dehnen.

Schöne Fraun mit schönen Katzen,
wem von ihnen man dann schmeichelt,
wen von ihnen man gar streichelt,
stets riskiert man, dass sie kratzen.

FLUGZEUGGEDANKEN,
SCHÖNE FRAUN MIT SCHÖNEN KATZEN

Es war ein scheues *Wort.*
Das war ausgesprochen
und hatte sich sofort
unter ein Sofa verkrochen.

FLUGZEUGGEDANKEN, DAS SCHEUE WORT

Wer hat das Fragen aufgebracht?
Unsere Not.
Wer niemals fragte, wäre tot.
Doch kommt's drauf an,
wie jemand lacht.

———————

ALLERDINGS, MISSMUT

Bunt stimmt viel froher
als beispielsweise Grau.
Aber viel sowiesoer
reizt der Busen der Frau.

ALLERDINGS, KOSTÜMBALL-GEDANKEN 1928

Seien Sie nett zu den Pferden!
Die Freiheit ist so ein köstliches *Gut*.
Wie weh Gefangenschaft tut,
merken wir erst, wenn wir eingesperrt werden.

ALLERDINGS, TIERSCHUTZ-WORTE

GROSSER VOGEL

Die Nachtigall ward eingefangen,
sang nimmer zwischen Käfigstangen.
Man drohte, kitzelte und lockte.
Gall sang nicht. Bis man die Verstockte
in tiefsten Keller ohne Licht
einsperrte. – Unbelauscht, allein
dort, ohne Angst vor Widerhall,
sang sie
nicht – –,
starb ganz klein
als Nachtigall.

AUS DEM NACHLASS

Die *Liebe* sei ewiger Durst.
Darauf müsste die Freundschaft bedacht sein.
Und, etwa wie Leberwurst,
immer neu anders gemacht sein.

FLUGZEUGGEDANKEN, FREUNDSCHAFT (ZWEITER TEIL)

Wir sind *Freunde* auf Lebenszeit.
Ich kenne deine Vergangenheit.
Und ich weiß: Im wichtigen Augenblick
bist du ganz und groß und hilfsbereit.

ALLERDINGS, AN PETER SCHER

Ihr habt mich *reich und leise* verwöhnt. Das mir geschenkte Glück – in irgendwelcher Weise kehrt es gewiss zu euch zurück.

FLUGZEUGGEDANKEN,
AN MEINE HERBERGE IN STUTTGART

Die *Erde* hat ein freundliches Gesicht,
so groß, dass man's von Weitem nur erfasst.
Komm, sage mir, was du für Sorgen hast.
Reich willst du werden? – Warum bist du's nicht?

ALLERDINGS, KOMM SAGE MIR,
WAS DU FÜR SORGEN HAST

Lebe, lache gut!
Mache deine Sache gut!

ALLERDINGS, AN M.

RUHE IST VIEL WERT

»Ruhe ist viel wert«,
sagte das Nilpferd
und setzte sich in was Weiches.

Der Elefant tat ein Gleiches.

DIE SCHNUPFTABAKSDOSE

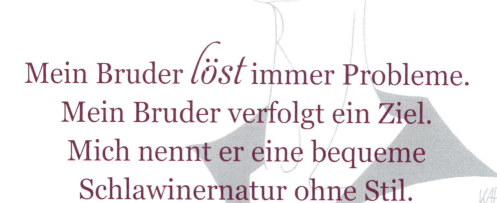

Mein Bruder *löst* immer Probleme.
Mein Bruder verfolgt ein Ziel.
Mich nennt er eine bequeme
Schlawinernatur ohne Stil.

ALLERDINGS, MEIN BRUDER

Du, spring nicht über Schranken,
die höher, als du selbst bist, sind.

ALLERDINGS, AN DEN MANN IM SPIEGEL

Die *Badewanne* prahlte sehr,
sie hielt sich für das Mittelmeer.

DIE SCHNUPFTABAKSDOSE, DIE BADEWANNE

Hübsch war das Meeresleuchten bei Nacht anzusehen. Das glitzerte wie sprühende Funken in den Fluten.

SCHIFFSJUNGEN-TAGEBUCH

Der Fußballwahn ist eine Krank-
heit, aber selten, Gott sei Dank.
Ich kenne wen, der litt akut
an Fußballwahn und Fußballwut.
Sowie er einen Gegenstand
in Kugelform und ähnlich fand,
so trat er zu und stieß mit Kraft
ihn in die bunte Nachbarschaft.
Ob es ein Schwalbennest, ein Tiegel,
ein Käse, Globus oder Igel,
ein Krug, ein Schmuckwerk am Altar,
ein Kegelball, ein Kissen war,
und wem der Gegenstand gehörte,
das war etwas, was ihn nicht störte.
Bald trieb er eine Schweineblase,
bald steife Hüte durch die Straße.

JOACHIM RINGELNATZENS TURNGEDICHTE, FUSSBALL

Ob wohl ein *Blitz*
je eine Fliege traf?

ALLERDINGS, DIE LEIPZIGER FLIEGE

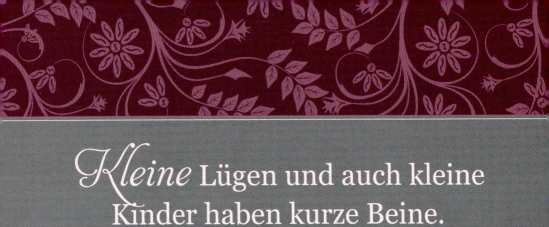

Kleine Lügen und auch kleine Kinder haben kurze Beine.

KINDER-VERWIRR-BUCH, KLEINE LÜGEN

ABGESEHEN VON DER PROFITLÜGE

Die kurzen Beine der Lüge sind
auch nur etwas Relatives.
Ein Segler kreuzend gegen Wind
ist immer etwas Schiefes.

Ob sie aus Anstand, aus Mitleid gibt,
sich hinter der Kunst will schützen,
wenn sie nicht innerst sich selber liebt,
wird Lüge niemandem nützen.

Es gibt eine Lüge, politisch und kühn,
und die ist auch noch zu rügen.
Ich meine: Wir sollten uns alle bemühn,
möglichst wenig zu lügen.

FLUGZEUGGEDANKEN

BÄR AUS DEM KÄFIG ENTKOMMEN

Was ist nun jetzt?
Wo sind auf einmal die Stangen,
an denen die wünschende Nase sich wetzt?
Was soll er nun anfangen?

Er schnuppert neugierig und scheu.
Wie ist das alles vor ihm so weit
und so wunderschön neu!
Aber wie schrecklich die Menschheit schreit!

Und er nähert sich geduckt
einem fremden Gegenstande. –
Plötzlich wälzt er sich im Sande,
weil ihn etwas juckt.

Kippt ein Tisch. Genau wie Baum.
Aber eine Peitsche knallt.
Und der Bär flieht seitwärts, macht dann halt.
Und der Raum um ihn ist schlimmer Traum.

Lässt der Bär sich locken. Doch er brüllt.
Lässt sich treiben, lässt sich fangen.
Angsterfüllt und hasserfüllt
wünscht er sich nach seines Käfigs Stangen.

FLUGZEUGGEDANKEN

Bücher werden,
wenn man will, lebendig.

ALLERDINGS, DER BÜCHERFREUND

Wenn sie genauer erkennend sich
verachten oder hassen –

müssten zwei *Höfliche* eigentlich
wortlos einander verlassen.

FLUGZEUGGEDANKEN, FLUIDUM

Ich habe keine *Sorgen*; höchstens vielleicht die eine, die um die Leute von morgen.

ALLERDINGS, MISSRATENEN KINDES LIED

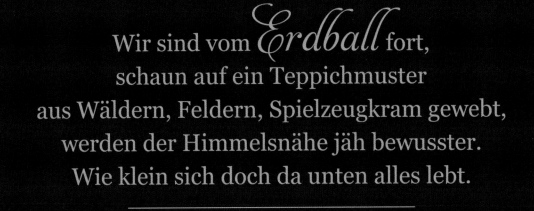

Wir sind vom *Erdball* fort,
schaun auf ein Teppichmuster
aus Wäldern, Feldern, Spielzeugkram gewebt,
werden der Himmelsnähe jäh bewusster.
Wie klein sich doch da unten alles lebt.

FLUGZEUGGEDANKEN, FERNFLUG

Ein *blauer* Himmel,
aus dem die Sonne wie Wonne strahlt,
und darunter weites, ruhiges,
grünes Meer.

ALLERDINGS, MALER UND TIERFREUND

KINDER WEINEN

Kinder weinen.
Narren warten.
Dumme wissen.
Kleine meinen.
Weise gehen in den Garten.

KINDER-VERWIRR-BUCH

Dem *Wetter* war nicht zu trauen.
Wir fischten lauter Tränen aus dem Meer,
das Netz war leer.

ALLERDINGS, TRÜBER TAG

GELD ALLEIN

Wie gut, dass alle einander nicht gleichen.
Wie recht, dass manche es erreichen,
dass sie eines Tages reich sind.
Wie gut, dass auch diese einander nicht gleich sind.

Schlechte Menschen ohne Geist, ohne Geschmack,
wenn sie noch so reich sind, bleiben nur Pack.

FLUGZEUGGEDANKEN

Gold macht nicht jeden reich,
Gold ist geschmeidig und weich
wie ein Lurch.
Schlängelt sich zwischen den Fingern durch.

ALLERDINGS, GOLD

STALLTÜREN

Zwei dicke Elefanten
wollten inkognito
heimwandern. Doch alle Passanten
erkannten die Elefanten
als Flüchtlinge aus dem Zoo.

Und wenn sich auch niemand getraute,
sie anzufassen, ward ihnen doch klar,
dass man ihre Absicht durchschaute
und dass nun bald was im Gange war.

Verfolgt von einem großen Heer
von Schauvolk und Soldaten
und Autos, Mob und Feuerwehr
schwenkten sie links und betraten
zwei Eingänge einer Bedürfnisanstalt –
für Herren und für Damen –
und äpfelten. – Schutzleute kamen
und haben sie niedergeknallt.

FLUGZEUGGEDANKEN

LEBHAFTE WINTERSTRASSE

Es gehen Menschen vor mir hin
und gehen mir vorbei, und keiner
davon ist so, wie ich es bin.
Es blickt ein jedes so nach seiner
gegebenen Art in seine Welt.

Wer hat die Menschen so entstellt?

Ich sehe sie getrieben treiben.
Warum sie wohl nie stehen bleiben,
zu sehen, was nach ihnen sieht?
Warum der Mensch vorm Menschen flieht?

Und eine weiße Weite Schnee
verdreckt sich unter ihren Füßen.
So viele Menschen. Mir ist weh:
Keinen von ihnen darf ich grüßen.

FLUGZEUGGEDANKEN

Der *Regen* ist noch regener,
wenn er aufs Wasser niedergeht.

ALLERDINGS, PAUL WEGENER

Man soll – was weiß ich,
was man soll!
Doch wird ein *Seepferd*
je ein Heupferd hassen?

ALLERDINGS, MAN SOLL – –

DIE FEDER

Ein Federchen flog über Land;
ein Nilpferd schlummerte im Sand.

Die Feder sprach: »Ich will es wecken.«
Sie liebte, andere zu necken.

Aufs Nilpferd setzte sich die Feder
und streichelte sein dickes Leder.

Das Nilpferd öffnete den Rachen
und musste ungeheuer lachen.

KINDERGEDICHTE

Die *Ewigkeit*, die Unendlichkeit
hat noch kein Mensch ausgemessen.
Aber der Weg dorthin ist nicht weit.

ALLERDINGS, TIERSCHUTZ-WORTE

RAKETE INS ERDFERN

Rakete ins Erdfern, zielfremder Schuss – –??
Ja, wenn es sein darf oder sein muss.
Doch der Eitle oder der Übermütige
zähle sonst nicht aufs Allgütige.

Schön ist das Wollen,
wenn Ehrlichkeiten die Mittel ihm gaben.
Aber die Ausführer sollen
die ehren, die es ausgerechnet haben.

Und die als Erste ein Ziel erreichen,
weil sie persönlich den Schuss unternommen,
mögen vor allem sich gleich vergleichen
zudritt mit Kühnen,
zuzweit mit Weisen,
zuerst mit Frommen.

FLUGZEUGGEDANKEN

Freundin, raff deine Röcke übers Knie
und gehe leise, ohne Melodie
und nur bei Dunkelheit
mit mir durch all die Welten.

ALLERDINGS, ALONE

Warum ist man *überall* geniert?
Warum darf man nicht die Wahrheit sagen?
Warum reden Menschen so geziert,
wenn sie ein Bein übers andre schlagen?

ALLERDINGS, MEDITATION

STILLE WINTERSTRASSE

Es heben sich vernebelt braun
die Berge aus dem klaren Weiß,
und aus dem Weiß ragt braun ein Zaun,
steht eine Stange wie ein Steiß.

Ein Rabe fliegt, so schwarz und scharf,
wie ihn kein Maler malen darf,
wenn er's nicht etwa kann.
Ich stapfe einsam durch den Schnee.
Vielleicht steht links im Busch ein Reh
und denkt: Dort geht ein Mann.

FLUGZEUGGEDANKEN

Überall ist Ewigkeit.

REISEBRIEFE EINES ARTISTEN, ÜBERALL

Ich habe dich *so lieb!*
Ich würde dir ohne Bedenken
eine Kachel aus meinem Ofen
schenken.

ALLERDINGS, ICH HABE DICH SO LIEB

Du musst deinen eigenen
Schaden riskieren und Mut verraten
oder wenigstens *Witz*.

ALLERDINGS, EINEM KLEINGIFTIGEN

Schön ist stets das *Originelle*, weil's von Erfindung zeugt.

ALLERDINGS, KOSTÜMBALL-GEDANKEN 1928

FREUDE

Freude soll nimmer schweigen.
Freude soll offen sich zeigen.
Freude soll lachen, glänzen und singen.
Freude soll danken ein Leben lang.
Freude soll dir die Seele durchschauern.
Freude soll weiterschwingen.
Freude soll dauern
ein Leben lang.

RINGELNATZ-LIEDER

Ehrliches Lachen darf lachen.

FLUGZEUGGEDANKEN, HELFEN

DER STEIN

Ein kleines Steinchen rollte munter
von einem hohen Berg herunter.

Und als es durch den Schnee so rollte,
ward es viel größer als es wollte.

Da sprach der Stein mit stolzer Miene:
»Jetzt bin ich eine Schneelawine.«

Er riss im Rollen noch ein Haus
und sieben große Bäume aus.

Dann rollte er ins Meer hinein,
und dort versank der kleine Stein.

KINDERGEDICHTE

Leise seitwärts schreitet eine zarte Weltallseele.

ALLERDINGS, OLAF GULBRANSSON

Wir träumen zu wenig
im Wachen.

FLUGZEUGGEDANKEN, WIE MACHEN
WIR UNS GEGENSEITIG DAS LEBEN LEICHTER

IM PARK

Ein ganz kleines Reh stand am ganz kleinen Baum
still und verklärt wie im Traum.
Das war des Nachts elf Uhr zwei.
Und dann kam ich um vier
morgens wieder vorbei,
und da träumte noch immer das Tier.
Nun schlich ich mich leise – ich atmete kaum –
gegen den Wind an den Baum
und gab dem Reh einen Stips.
Und da war es aus Gips.

REISEBRIEFE EINES ARTISTEN

Blühende Kastanienzweige
strecken ihre Tatzen vor.
Wenn ich jetzt das rechte Ohr,
weil es taub ist, rückwärts neige,
höre ich einen Spatzenchor.

FLUGZEUGGEDANKEN, MÜDER JUNIABEND

Dass bald das neue *Jahr* beginnt,
spür ich nicht im Geringsten.
Ich merke nur: Die Zeit verrinnt
genauso wie zu Pfingsten,
genau wie jährlich tausendmal.

―――――――――――――

ALLERDINGS, SILVESTER

Wenn Parteien sich und Massen
sichtbar und geräuschvoll hassen,
klingt das mir wie Meeresrauschen.
Und dann mag ich henkelltrocken
still auf einer Insel hocken,
die mich zusehn lässt und lauschen.

ALLERDINGS, RETTENDE INSEL

*W*enn ich die Gesichter rings studiere,
frage ich mich oft verzagt:
Wieviel Menschen gibt's und wie viel Tiere?

ALLERDINGS, MENSCH UND TIER

Bücher, auch wenn
sie nicht eigenhändig
handsigniert sind,
soll man hoch verehren.

ALLERDINGS, DER BÜCHERFREUND

SHAKESPEARE

Er sah wie Christus die Welt,
die er erlebte als Knecht.
Was seine Kunst spielend uns vorgestellt,
hat ewig recht.

ALLERDINGS

Ach, ein *Loch* im Strumpf kann sich
durch alle Größen
bis in ein randloses Glück auflösen.

ALLERDINGS, EIN STÜCK RHEINFAHRT

MORGENSTUND HAT GOLD IM MUND

Ich bin so knallvergnügt erwacht.
Ich klatsche meine Hüften.
Das Wasser lockt. Die Seife lacht.
Es dürstet mich nach Lüften.

Ein schmuckes Laken macht einen Knicks
und gratuliert mir zum Baden.
Zwei schwarze Schuhe in blankem Wichs
betiteln mich »Euer Gnaden«.

Aus meiner tiefsten Seele zieht
mit Nasenflügelbeben
ein ungeheurer Appetit
nach Frühstück und nach Leben.

GEDICHTE DREIER JAHRE

Krieg, Hass und Neid und alle widrigen Gefühle fort! Dem *Herzen* gebt Gehör!

ALLERDINGS, DER WILDE MANN, DIE WEICHE MANN, DAS VIELEMANN

Mut zeigt sich immer erst vor Übermacht.
Mut muss mit Kenntnis der Gefahr gepaart sein.
Mut will wie Edelstes diskret verwahrt sein,
und wer ihn fasst, der fasse mit Bedacht.

Hab Mut! Jedoch nicht, um ihn zu beweisen.
Schick deinen Mut niemals auf Reisen.
Man kann mit Kühnheit, doch mit Mut nie scherzen,
denn der, der Mut zeigt, hat auch Furcht im Herzen.

ALLERDINGS, DER MUT DER REIFEN JUGEND

MEINE ALTE SCHIFFSUHR

In meinem Zimmer hängt eine runde,
alte, achteckige Segelschiffsuhr.
Sie schlägt weder Glasen noch Stunde.
Sie schlägt, wie sie will, und auch nur,

wann sie will. Die Uhrmacher gaben
sie alle ratlos mir zurück;
sie wollten mit solchem Teufelsstück
gar nichts zu tun haben.

Und gehe sie, wie sie wolle,
ich freue mich, weil sie noch lebt.
Nur schade, dass nie eine tolle
Dünung sie senkt oder hebt

oder schüttert. Nein, sie hängt sicher
geborgen. Doch in ihr kreist
ein ruhelos wunderlicher
Freibeuter-Klabautergeist.

Nachts, wenn ich still vor ihr hocke,
dann höre ich mehr als Ticktack.
Dann klingt was wie Nebelglocke
und ferner Hundswachenschnack.

Und manche Zeit versäume
ich vor der spukenden, unkenden Uhr,
indem ich davon träume,
wie ich mit ihr nach Westindien fuhr.

FLUGZEUGGEDANKEN

HEIMATLOSE

Ich bin fast
gestorben vor Schreck:
In dem Haus, wo ich zu Gast
war, im Versteck,
bewegte sich,
regte sich
plötzlich hinter einem Brett
in einem Kasten neben dem
Klosett,
ohne Beinchen,
stumm, fremd und nett
ein Meerschweinchen.

Sah mich bange an,
sah mich lange an,
sann wohl hin und sann her,
wagte sich
dann heran
und fragte mich:
»Wo ist das Meer?«

ALLERDINGS

KINDERSAND

Das Schönste für Kinder ist Sand.
Ihn gibt's immer reichlich.
Er rinnt unvergleichlich
zärtlich durch die Hand.

Weil man seine Nase behält,
wenn man auf ihn fällt,
ist er so weich.
Kinderfinger fühlen,
wenn sie in ihm wühlen,
nichts und das Himmelreich.

Denn kein Kind lacht
über gemahlene Macht.

KINDER-VERWIRR-BUCH

Das ABC ist äußerst *wichtig*.
Im Telefonbuch steht es richtig

KINDER-VERWIRR-BUCH

Der Hund hatte *endlich* das »Schönmachen« von mir gelernt. Das glich er durch eine neue Schandtat wieder aus, indem er sich diesmal nicht in die Lorbeeren, wohl aber in die Zwiebeln setzte.

SCHIFFSJUNGEN-TAGEBUCH

Jeder lässt was springen.
Viel ist los.
Und vor allen Dingen
Beine und Popos.

ALLERDINGS, IMMER WIEDER FASCHING

Es wechseln die *Moden*.
Aber der Hosenboden
sitzt sinngemäß
immer unterm Gesäß.

ALLERDINGS, KOSTÜMBALL-GEDANKEN 1928

Wenn wir über uns selber springen, werden uns alle Pläne gelingen.

ALLERDINGS, MAN SELBER

DAS NADELKISSEN BILDETE SICH EIN

Das Nadelkissen bildete sich ein,
mit dem Stachelschwein
verwandt zu sein.
Das Nadelkissen
ist, wie wir wissen,
eine recht nützliche Erscheinung.
Natürlich sind wir ganz seiner Meinung.

DIE SCHNUPFTABAKSDOSE

Die *Zeit* verrinnt. Die Spinne spinnt
in heimlichen Geweben.
Wenn heute Nacht ein Jahr beginnt,
beginnt ein neues Leben.

ALLERDINGS, SILVESTER

Das nennt man Drahtseilbahn: Es hing
ein Zündholzschächtelchen an Zwirn.

FLUGZEUGGEDANKEN, DREI TAGE TIROL

Fäule, Feuchtigkeit oder feiner Humor bringen immer wieder Leben hervor.

GEDICHTE VON EINSTMALS UND HEUTE, SINNENDER SPATENSTICH

BLUES

Wenn du nicht froh kannst denken,
obwohl nichts Hartes dich bedrückt,
sollst du ein Blümchen verschenken,
aufs Geratewohl von dir gepflückt.

Irgendein staubiger, gelber, –
sei's Hahnenfuß – vom Wegesrand.
Und schenke das Blümchen dir selber
aus linker Hand an die rechte Hand.

Und mache dir eine Verbeugung
im Spiegel und sage: »Du,
ich bin der Überzeugung,
dir setzt man einzig schrecklich zu.
Wie wär's, wenn du jetzt mal sachlich
fleißig einfach arbeiten tätst?
Später prahle nicht und jetzt lach nicht,
dass du nicht in Übermut gerätst.«

FLUGZEUGGEDANKEN

GIRAFFEN IM ZOO

Wenn sich die Giraffen recken,
Hochlaub sucht die spitze Zunge,
das ihnen so schmeckt, wie junge
Frühkartoffeln mit Butter mir schmecken.

Hohe Hälse. Ihre Flecken
sehen aus wie schön gerostet.
Ihre langsame und weiche
rührend warme Schnauze kostet
von dem Heu, das ich nun reiche.

Lauscht ihr Ohr nach allen Seiten,
sucht nach wild vertrauten Tönen.

Da sie von uns weiterschreiten,
träumt in ihren stillen, schönen
Augen etwas, was erschüttert,

Hoheit. So, als ob sie wüssten,
dass nicht Menschen, sondern dass ein
Schicksal sie jetzt anders füttert.

FLUGZEUGGEDANKEN

Weitere Titel von arsEdition

Ganz schön Goethe!
ISBN 978-3-8458-1030-0
€ 9,99

Ganz schön Rilke!
ISBN 978-3-8458-1031-7
€ 9,99

Ganz schön Hesse!
ISBN 978-3-8458-1033-1
€ 9,99

www.arsedition.de

Bildnachweis
Coverillustration: Getty Images/Thinkstock
Fotografien Innenteil: S. 7: picture alliance/akg-images, S. 14: picture alliance/akg-images, S. 19: picture alliance/akg-images, S. 27: picture alliance/akg-images, S. 34: picture alliance/akg-images, S. 38: picture alliance, S. 49: picture alliance/dpa, S. 62: picture alliance/dpa, S. 67: picture alliance/akg-images, S. 67: picture alliance/dpa, S. 70: picture alliance/dpa, S. 81: picture alliance/akg-images, S. 89: picture alliance/akg-images, S. 90: picture alliance/akg-images, S. 93: picture alliance, S. 98: picture alliance/dpa, S. 104: picture alliance.

Rest: Getty Images/Thinkstock, Dover, creativ collection

In einigen Fällen war es nicht möglich, für den Abdruck der Texte die Rechteinhaber zu ermitteln.
Honoraransprüche der Autoren, Verlage und ihrer Rechtsnachfolger bleiben gewahrt.
© 2015 arsEdition GmbH, Friedrichstr. 9, 80801 München
Alle Rechte vorbehalten

Covergestaltung: arsEdition
Innengestaltung: Eva Schindler, Grafing
Textlektorat: Katharina Teimer
ISBN 978-3-8458-1032-4
Printed by Tien Wah Press
1. Auflage

www.arsedition.de